S'AMUSER AVEC LES MATHS

Mesurer

Un livre de la collection
Les racines de Crabtree

CRABTREE
Publishing Company
www.crabtreebooks.com

DOUGLAS BENDER

Soutien de l'école à la maison pour les parents, les gardiens et les enseignants

Ce livre aide les enfants à se développer grâce à la pratique de la lecture. Voici quelques exemples de questions pour aider le lecteur ou la lectrice à développer ses capacités de compréhension. Les suggestions de réponses sont indiquées en rouge.

Avant la lecture

- De quoi ce livre parle-t-il?
  - *Je pense que ce livre parle de mesurer et des chiffres.*
  - *Je pense que ce livre nous enseigne différentes façons de mesurer les choses.*

- Qu'est-ce que je veux apprendre sur ce sujet?
  - *Je veux apprendre les outils que je peux utiliser pour mesurer les choses.*
  - *Je veux savoir quels sont les différents types de mesures.*

Pendant la lecture

- Je me demande pourquoi...
  - *Je me demande pourquoi les gens utilisent les chiffres pour mesurer.*
  - *Je me demande pourquoi les gens mesurent le poids des choses.*

- Qu'est-ce que j'ai appris jusqu'à présent?
  - *J'ai appris qu'une règle mesure la longueur.*
  - *J'ai appris que les gens mesurent tous les jours.*

Après la lecture

- Nomme quelques détails que tu as retenus.
  - *J'ai appris que différents outils sont utilisés pour mesurer.*
  - *J'ai appris que les mesures nous indiquent la longueur ou le poids des choses.*

- Lis le livre à nouveau et cherche les mots de vocabulaire.
  - *Je vois le mot **règle** à la page 7 et le mot **balance** à la page 10. Les autres mots de vocabulaire se trouvent à la page 14.*

Nous utilisons les chiffres pour **mesurer**.

Ces **livres** sont gros!

Une **règle** peut nous aider à mesurer leur hauteur.

Nous pouvons aussi connaître leur **poids**!

Nous pouvons utiliser une **balance**.

000
060

Les gens utilisent les **mesures** tous les jours!

Liste de mots

Mots courants

à
aider
aussi
ces
gros
hauteur
jours
les
leur
nous
peut
pour
sont
tous
une
utilisons

La boîte à mots

balance

livres

mesurer

mesures

poids

règle

38 mots

Nous utilisons les chiffres pour **mesurer**.

Ces **livres** sont gros!

Une **règle** peut nous aider à mesurer leur hauteur.

Nous pouvons aussi connaître leur **poids**!

Nous pouvons utiliser une **balance**.

Les gens utilisent les **mesures** tous les jours!

Crabtree Publishing Company

S'AMUSER AVEC LES MATHS
Mesurer

Autrice : Douglas Bender
Conception : Rhea Wallace
Développement de la série : James Earley
Correctrice : Janine Deschenes
Conseils pédagogiques : Marie Lemke M.Ed.
Traduction : Annie Evearts
Coordinatrice à l'impression : Katherine Berti

Références photographiques :
Shutterstock : Karen roach : couverture; Chulleporn : couverture; Bragin Alexey : couverture; Swettie Rice : p. 3, 14; Kokhanchikov : p. 5, 6, 9, 14; New Africa : p. 11, 14; Dragon Images : p. 13, 14

Crabtree Publishing Company
www.crabtreebooks.com 1-800-387-7650

Publié aux États-Unis
Crabtree Publishing
347 Fifth Avenue
Suite 1402-145
New York, NY, 10016

Publié au Canada
Crabtree Publishing
616 Welland Ave.
St. Catharines, Ontario
L2M 5V6

Imprimé au Canada/062021/CPC

Catalogage avant publication de Bibliothèque et Archives Canada
Titre: Mesurer / Douglas Bender ; texte français d'Annie Evearts.
Autres titres: Measuring. Français.
Noms: Bender, Douglas, auteur.
Description: Mention de collection: S'amuser avec les maths | Les racines de Crabtree | Traduction de : Measuring. | Comprend un index.
Identifiants: Canadiana (livre imprimé) 20210280255 | Canadiana (livre numérique) 20210280298 | ISBN 9781039604193 (couverture souple) | ISBN 9781039604254 (HTML) | ISBN 9781039604315 (EPUB) | ISBN 9781039604377 (livre numérique avec narration)
Vedettes-matière: RVM: Mesure—Ouvrages pour la jeunesse. | RVMGF: Documents pour la jeunesse.
Classification: LCC QA465 .B4614 2022 | CDD j530.8—dc23